Klaus Wagener Karen Meier-Ebert

FROHE WEIHNACHTEN

DIE SCHÖNSTEN DEKOIDEEN RUND UMS FEST

BLOOM's by Ulmer

Alle Jahre wieder!

Was kann ich schenken? Welche Plätzchen werden gebacken? Und was kommt an den Baum? Ob Sie wollen oder nicht, jedes Jahr stellen sich die unvermeidlichen Weihnachtsfragen. Es sei denn, Sie gehören zu denjenigen, bei denen sich nie etwas ändert, bei denen alles so sein soll, wie in den letzten Jahren auch. Dann sollten Sie dieses Buch schleunigst beiseite legen.

Alle anderen finden auf den nächsten 120 Seiten Antworten auf diese Fragen sowie jede Menge Ideen und Anregungen, den traditionellen Weihnachtsdekorationen noch mehr Individualität und Pfiff zu geben. Denn schliesslich liegt ein grosser Teil der Weihnachtsfreude darin, Jahr für Jahr das Haus festlich zu schmücken und sich so auf das immer näher rückende Fest vorzubereiten.

Dabei wünschen wir Ihnen viel Spass, gutes Gelingen und eine unbeschwerte, fröhliche Weihnachtszeit!

NORDISCH & NATÜRLICH

Unter üppigen, weissen Hauben ducken sich Holzhäuser. Eine Spur in tief verschneiter Landschaft verrät den Weg des Rentierschlittens.

ZAPFENKRANZ

Das brauchen Sie: einen Kranz aus Kiefernzapfen (Bastelbedarf), einen Koniferenkranz mit etwa dem gleichem Durchmesser, 4 hohe schlanke Kerzen, Kiefernnadeln, Zweige, Filzsterne, kleine Zieräpfel, farbigen Schmuckdraht, Schmucknadeln, Zahnstocher, Patenthaften, 4 Holzsplittstäbe, Akkubohrer

So wird´s gemacht: Die beiden Kränze aufeinander legen und an einigen Stellen mit Schmuckdraht zusammenbinden. In die Kerzen von unten mit dem Akkubohrer je ein 2 cm tiefes

Loch bohren. Je einen Holzsplittstab in die Kerzen stecken. Die Kerzen mit dem Holzstab durch den Zapfenkranz hindurch im Koniferenkranz verankern. Kiefernnadeln und Zweige mit Schmuckdraht zu kleinen Bündeln zusammenfassen und mit Patenthaften am unteren Kranz befestigen. Die Äpfel auf Zahnstocher spießen und in den Kranz stecken. Die Filzsterne mit Schmucknadeln ebenfalls am Kranz fixieren.

PLATZANWEISER

Kalte Hände bekommt an diesem Tisch so schnell niemand! Lustige Strickhandschuhe zeigen den Gästen, wo sie sich gemütlich niederlassen können. Die winzigen Exemplare für kleine Kinder sind mit Papier ausgestopft, das gibt ihnen Halt. Ein Stück Draht im Daumen sorgt für Beweglichkeit und hält das Namensschild. So haben nicht nur Anna und Jan an diesem Tisch garantiert ihren Spaß.

TIPP **Erkältungsprophylaxe für's Besteck. Kleine rote Schals halten Messer und Gabel auf dekorative Weise zusammen. Als fleißige Strickliesel greifen Sie dafür natürlich selbst zu den Nadeln, weniger Eifrige schneiden die Schals einfach aus Filz aus und knoten ein paar Wollfransen daran. Eine originelle Tischdeko, die in der kalten Jahreszeit für ein Schmunzeln sorgt – und Lachen stärkt ja bekanntlich die Immunabwehr.**

Ob bunte Schokoladenkringel, Fondantringe oder selbst gebackene Plätzchen – die Weihnachtszeit ist nichts für Asketen. Dem herrlichen Anblick, Duft und Geschmack des süssen Naschwerks können weder Kinder noch Erwachsene widerstehen. Warum auch? Schliesslich ist ja nur einmal im Jahr Weihnachten!

APFELLICHTER Keine Zeit für aufwändige Adventsdekoration? Kein Problem: Diese Kerzenleuchter sind super schnell gemacht und auch für weniger routinierte Bastler geeignet. Die Kerzenhalter mit Dorn halten das Tannengrün, bunte Schokokringel setzen fröhlich-süße Akzente.

TOPFKERZEN Erleuchtete Fenster in der dunklen Jahreszeit bringen nicht nur Kinderaugen zum Strahlen. Am schönsten sind natürlich echte Kerzen. In dicker Stumpenform verbreiten sie ihr Licht für lange Zeit. Mit Steckschaum gefüllte Töpfe verhelfen zu einem besonders sicheren Stand und bieten gleichzeitig noch Platz für winterliches Grün und weihnachtliche Accessoires.

TIPP **Besonders nordisch wirkt die Farbkombination von Rot und Weiß, denn in Skandinavien sind dies die klassischen Weihnachtsfarben. Ihnen fehlt ein Gefäß im entsprechenden Ton? Dann gönnen Sie Pflanztöpfen vom letzten Sommer doch kurzerhand einen neuen Anstrich. Abflusslöcher im Topfboden stören bei der weiteren Gestaltung nicht, da die Gefäße nicht mit Wasser, sondern mit trockenem Steckschaum gefüllt werden.**

TIPP **Altes, Abgeblättertes und Abgewetztes hat durchaus seinen Charme. Darum Finger weg von Politur, Bürste und Reinigungsmittel! Alterungseffekte können sogar auch künstlich herbeigeführt werden. Zum Beispiel beim Veredeln mit Schlagmetall, bei dem Gold-, Silber- oder Kupferfolie dekorativ einreißt. Wenn Ihnen die Prozedur mit Anstrich, Anlegeöl und Folie auflegen zu aufwändig ist, verwenden Sie einfach Sprühkleber.**

KERZENREIGEN

Das brauchen Sie: einen Tontopf mit Rand, Christbaumkerzenhalter zum Festklemmen, Christbaumkerzen, Schlagmetall in Gold, Sprühkleber, Äpfel oder andere weihnachtliche Früchte

So wird´s gemacht: Einen Teil des Topfes mit Sprühkleber einsprayen, das Schlagmetall auflegen und festdrücken. Stück für Stück auf diese Weise das gesamte Gefäß vergolden. Darauf achten, dass das Schlagmetall den Topf nicht vollständig bedeckt, sondern immer wieder Risse entstehen, durch die der Ton sichtbar bleibt. Den Topf mit Äpfeln oder anderen Früchten füllen. Je nach Gefäßgröße entsprechend viele Kerzenhalter an den Rand klemmen und mit Kerzen bestücken. Sind die Kerzen einmal abgebrannt, können die Klemmhalter jederzeit problemlos mit neuen besteckt werden.

STERNENBLÜHER

Das brauchen Sie: Mandarinenkiste (z. B. vom Wochenmarkt), je nach Größe der Kiste mindestens zwei rote Weihnachtsstern-Pflanzen, Gefrierbeutel, einige Zweige Buchsbaum- und Koniferengrün, rotes Rebenbindegarn, Wickeldraht, Dekoherz oder anderes weihnachtliches Schmuckornament, rotes Band

So wird´s gemacht: Die Koniferenzweige kürzen und mit Rebenbindegarn zu kleinen Bündeln zusammenfassen. Die Bündel mit Wickeldraht an der Mandarinenkiste fixieren. Jede Weihnachts-

stern-Pflanze in einen Gefrierbeutel setzen und damit in der Mandarinenkiste platzieren. So können die Pflanzen später vorsichtig gegossen werden, ohne dass Feuchtigkeit austritt. Zum Schluss das Dekoherz mit Band an der Kiste befestigen.

BEERENKRANZ

Das brauchen Sie: einen Kranz aus Buchsbaum- oder Koniferengrün, einige Hagebuttenzweige, 4 Stumpenkerzen, orangefarbene Kordel, rotes Rebenbindegarn, Strohstern, Steckdraht, Kombizange

So wird´s gemacht: Den fertigen Kranz mit Rebenbindegarn umwickeln, dabei die Hagebuttenzweige mit einbinden. An einigen Stellen als Akzent zusätzlich die orangefarbene Kordel anbringen. Zum Befestigen der Kerzen auf dem

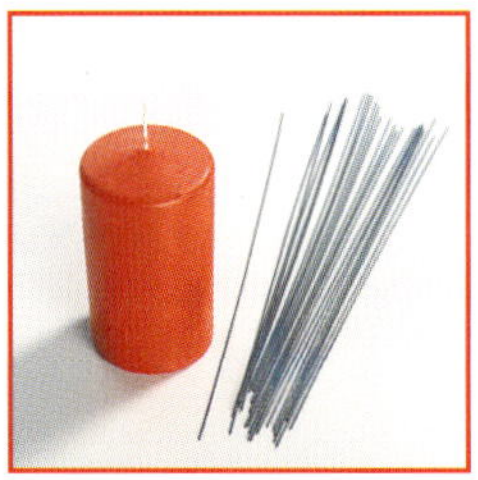

1

2

3

TIPP **Schauen Sie ruhig zweimal hin! Die kugeligen Kerzen sehen Christbaumkugeln zum Verwechseln ähnlich. Wie beim Schmuck für den Weihnachtsbaum sind sie in Hochglanzoptik oder mit seidenmattem Schimmer erhältlich. Beides mit ein paar Zweigen in einer Schale arrangiert, wird bei Familie und Gästen für Verblüffung sorgen. Auch schön: mehrere in einer Reihe auf einer langen Festtagstafel!**

Kranz am besten Steckdraht verwenden (1). Je drei Steckdrähte nacheinander über einer Flamme erhitzen und von unten in eine Kerze bohren (2). Den Draht mit der Zange auf 3-4 cm Länge kürzen (3) und die Kerzen auf den Kranz stecken. Den Strohstern mit Draht oder Rebenbindegarn am Kranz fixieren.

Andere Länder, andere Weihnachtsfreuden. Am 13. Dezember wird in Schweden das Lucia-Fest gefeiert. Es ist der Tag der Lichterkönigin, die mit einem Kranz leuchtender Kerzen auf dem Kopf und frischem Backwerk meist schon am Morgen durchs Haus zieht. Überall in Schweden verkleiden sich an diesem Tag kleine Mädchen als Lucia, und Jungs treten in ihrem Gefolge als Sternsinger auf.

LEBKUCHENHERZEN

Das brauchen Sie: 500 g Mehl, 1 TL Backpulver, 350 g Honig, 100 g Zucker, 100 g Butter, 1 Ei, 1 EL geriebene Zitronenschale, 1 EL Kakao, 2 EL Lebkuchengewürz, Ausstecher in Herzform, Puderzucker, Band

So wird´s gemacht: Honig, Zucker und Butter erwärmen, bis sich der Zucker auflöst. Abkühlen lassen und in die lauwarme Masse das Ei, die Zitronenschale, Kakao und Gewürz rühren. Mehl und Backpulver dazugeben, zu einem glatten Teig kneten und in Plastikfolie einen Tag bei Raumtemperatur ruhen lassen. Den Ofen auf 180 °C vorheizen. Den Teig noch mal durchkneten, ca. 1 cm dick ausrollen und die Herzen ausstechen. Auf ein Blech mit Backpapier legen, mit einem Spieß Löcher zum Aufhängen ausstechen und die Lebkuchen ca. 20 Minuten backen. Nach dem Auskühlen mit Zuckerguss verzieren und ein Band durchziehen.

KAROLOOK Selbst das Geschirr trägt in der Adventszeit ein nordisches Outfit in Rot-Weiß. Wie ein Päckchen verschnürt und mit einer Christbaumkugel geschmückt, wartet es darauf, dass es von den Gästen ausgepackt wird. Wer will, hängt zusätzlich ein Namensschild aus Papier oder Lebkuchen an jedes Gedeck.

TIPP **Zuckerguss eignet sich wunderbar, um Ihrem Gebäck eine persönliche Note zu geben. Mit dem Namen eines Gastes, mit Zahlen für einen Adventskalender oder mit einem Gruß beschriftet, bekommen Lebkuchen & Co. ihren großen Auftritt. Der Zuckerguss wird besonders cremig, wenn Sie ihn statt mit Wasser mit ein wenig Kondensmilch anrühren. Eine dicke Einwegspritze hilft beim präzisen Auftragen von feiner Schrift.**

ELCHKRANZ Olaf, Knut und ihre Freunde fühlen sich auf diesem Kranz ganz wie zu Hause. Die Elchfiguren aus Holz bringen skandinavisches Flair in jedes Haus und stehen nicht nur bei Kindern hoch im Kurs. Ein lackiertes Eisengestell, das im Koniferenkranz befestigt wird, gibt den hohen Kerzen Halt. Typisch skandinavisch auch die rot-weiße Farbkombination.

TIPP Nutzen Sie den Raum in der Kranzmitte für kreative Gestaltungen. Sie lieben es natürlich? Dann legen Sie auf einen Teller in der Kranzmitte Äpfel, Nüsse und Zapfen. Doch lieber etwas glanzvoller? Dann füllen Sie den Platz mit einigen besonders schönen Christbaumkugeln. Oder gehören Sie vielleicht zu den Naschkatzen? Dann ist die Entscheidung für eine weihnachtliche Gebäckmischung sicherlich schon gefallen.

STERNKALENDER

Das brauchen Sie: rote Wellpappe, Filzsterne (Bastelbedarf), weißen und roten Bastelfilz, Heißkleber, Tannengrün, verschiedene Süßigkeiten

So wird´s gemacht: Aus der Wellpappe 24 gleichgroße Rechtecke schneiden, die so geknickt werden können, dass dabei drei gleichgroße quadratische Flächen entstehen. An den Längsseiten schmale Kleberänder falten und in den Knicken einschneiden (1). Die Ränder mit Heißkleber bestreichen und die Sterne darauf fixieren (2). Aus rotem Bastelfilz schmale Streifen ausschneiden und als Henkel an der Innenseite der Sterne festkleben. Aus dem weißen Bastelfilz Zahlen von 1 bis 24 ausschneiden und auf die Außenseite der Sterne kleben. Die so entstandenen Täschchen mit etwas Tannengrün und Süßigkeiten füllen.

1

2

TIPP **Die Sterntäschchen sind nicht nur eine prima Kalenderidee für die Kids, sondern eignen sich auch als Give-away beim nächsten Adventskaffee. Lassen Sie die Zahlen einfach weg oder beschriften Sie die Täschchen mit dem Anfangsbuchstaben des jeweiligen Gästenamens. Auch als Tischkarten machen die Sterntaschen eine gute Figur. Schneiden Sie dafür ein Papierschildchen aus und binden Sie es mit Band an den Henkel.**

KIEFERNBÜNDEL

Das brauchen Sie: eine Stumpenkerze, zylinderförmigen Steckschaum, Kiefernnadeln, Rebenbindegarn in verschiedenen Farben, Steckdraht, Stützdraht

So wird´s gemacht: Drei Steckdrähte nacheinander über einer Flamme erhitzen und von unten in die Kerze bohren. Draht jeweils auf 3-4 cm Länge einkürzen. Die Kerze mit den Drähten auf den Steckschaumzylinder stecken. Die Kiefernnadeln mit Rebenbindegarn in verschiedenen Farben zu kleinen Bündeln zusammenfassen. Die Bündel höhenversetzt mithilfe von u-förmig gebogenem Stützdraht am Steckschaum befestigen, bis dieser vollständig bedeckt ist.

TELLERKRANZ

Traditionelle Materialien modern und unkonventionell verarbeitet. Statt zu einem herkömmlichen Kranz gebunden, wurde das gemischte Grün kurzerhand gebündelt und mithilfe von Haften an einem Strohrömer befestigt. Beerenzweige und Zieräpfel in der Mitte des Kranzes setzen leuchtende Akzente. Erstaunlich und praktisch zugleich: All das hat Platz auf einem Essteller.

TIPP **Betrachten Sie Ihren Garten oder den Wald doch mal mit anderen Augen! Die Natur bietet eine große Fülle an Materialien, die sich zu kleinen, dekorativen Bündeln zusammenfassen lassen. Besonders gut eignen sich Zweige von Koniferen wie Zypresse, Wacholder, Lebensbaum oder Eibe. Aber auch Kiefernnadeln, kahle Gehölze oder Beeren besetzte Zweige wie Ilex sind geeignet und tragen zur Abwechslung bei.**

KUGELKERZEN

Das brauchen Sie: Töpfe mit Ausstanzungen z. B. in Sternform, Filzband, Kiefernnadeln, verschiedene Filzornamente, Heißkleber, Christbaumkugeln (mit einer Öffnung im Durchmesser von Christbaumkerzen), Christbaumkerzen

So wird´s gemacht: In den Gefäßen ein Filzband zum Ring legen, durch die Stanzungen nach außen ziehen und die Bandenden mit einem Tropfen Heißkleber zusammen kleben. Kiefernnadeln unter das nach außen gezogene Band klemmen. Von den Kugeln die Aufhänger abziehen und an den Schaft je ein Filzornament mit Heißkleber befestigen. Um die Kugeln Filzband kleben und diese auf die Töpfe setzen. Zum Schluss vorsichtig die Christbaumkerzen in die Kugelöffnungen stecken.

TIPP **Die Menge macht's! Die meisten Dekoideen wirken am schönsten, wenn man gleich mehrere davon fertigt. Also nicht kleckern, sondern klotzen! Mindestens zwei Töpfe, Windlichter, Kerzen oder Gestecke sollten Sie immer zusammen stellen. Außerdem: Zeit- und Arbeitsaufwand sind nur unwesentlich höher, wenn Sie beim Basteln gleich in Serie gehen. Vielleicht entsteht damit ja auch das eine oder andere Geschenk.**

WINDLICHTER Farbige Gläser mit Kerzen verbreiten stimmungsvolles Licht. Besonders in der Weihnachtszeit sind sie daher unentbehrlich. Statt mit Teelicht oder Kerze können sie auch mit Wachsgranulat gefüllt werden. Ein Drahthenkel ermöglicht das Aufhängen an Wandhaken oder auch draußen an Bäumen.

MER
RRY CHRIST

NIKOLAUSMODE

Das brauchen Sie: einen alten Gummistiefel, Zeitungspapier, Steckschaum, getrocknetes Laub (z. B. von Ahorn), Kiefernnadeln und dünne Zweige, Koniferen- oder Tannengrün, Mistelzweige, Christbaumanhänger, Äpfel, Teddy und/ oder andere kleine Stofftiere nach Wahl, Holzsplittstäbe, Stützdraht, Heißkleber, Sprühkleber

So wird´s gemacht: Den Gummistiefel im unteren Teil mit Zeitungspapier, im oberen Teil mit Steckschaum füllen. Mit Heißkleber das Laub am Stiefel fixieren, bis dieser vollständig bedeckt ist. Koniferengrün, Zweige, Mistel und Christbaumanhänger andrahten und in den Steckschaum stecken. Ebenso die Stofftiere mithilfe von Draht befestigen. Die Äpfel auf Holzsplittstäbe spießen und damit in den Steckschaum stecken. Zum Schluss mit Sprühkleber ein paar Kiefernnadeln am Laub fixieren.

TIPP **Zum Verkleiden von Stiefeln für den Nikolaustag eignen sich viele Materialien. Probieren Sie es doch mal mit Moos! Sie bekommen es entweder im Blumengeschäft oder Sie sammeln es selbst im Wald. Am besten lassen Sie es an einem warmen Plätzchen einige Tage trocknen und schütteln überschüssige Erde dann vorsichtig ab. So lässt es sich problemlos in Platten mithilfe von Draht auf den Stiefel wickeln.**

Ob klein, ob gross – Kinder finden es aufregend, am Nikolausabend den Stiefel ans Fenster oder vor die Tür zu stellen. Vor allem die Kleineren marschieren am nächsten Morgen voller Spannung zu ihrem Stiefel und hoffen, dass der gütige, bärtige Mann sie reichlich bedacht hat. Doch seien wir mal ehrlich: Den Eltern macht das Füllen des Schuhwerks mindestens ebenso grossen Spass.

WINTERPICKNICK

Warum nicht auch im Winter mal ein Picknick im Freien veranstalten? Vielleicht auf der eigenen Terrasse, wo man sich nach dem Einkaufsbummel am Wochenende mit Freunden auf ein Glas Punsch und Gebäck gerne trifft. Mit Mütze und Handschuhen dick eingemummelt, wird der Kälte eine klare Absage erteilt. Garantiert lässt sich so auch die Wintersonne erweichen, ein paar wärmende Strahlen vom Himmel zu schicken.

SCHWEDISCHER GLÖGG

Das brauchen Sie: 1 l Rotwein, 8 cl Korn oder Cognac, 1 Zimtstange, 20 g Ingwer, 4 Nelken, 6 Kardamom-Kapseln, 100 g Zucker, 100 g Rosinen, 50 g abgezogene Mandeln

So wird´s gemacht: Rotwein in einen Topf füllen. Korn oder Cognac, Zucker und die in Stückchen gebrochene Zimtstange hinzufügen. Kardamom zerstoßen und dazugeben. Mit Nelken, Rosinen, Mandeln und Ingwer würzen. Glögg erhitzen und dabei rühren, damit sich der Zucker auflöst. Die Flüssigkeit aber nicht kochen lassen, so dass Alkohol und Aroma nicht verfliegen. Den Topf vom Herd nehmen, einen Deckel auflegen und den Glögg einige Stunden oder über Nacht ziehen lassen. Vor dem Servieren das Getränk noch einmal kurz erhitzen und in Gläser oder Tassen, am besten mit Henkel, füllen. Möglichst heiß trinken.

WINTERSPASS FÜR VÖGEL

Das brauchen Sie: ca. 200 g ungesalzenen Rindertalg (aus der Metzgerei), ca. 400 g Körnermix, Speiseöl, Plätzchenausstecher aus Metall, Backpapier, Backblech, kariertes Band zum Aufhängen

So wird´s gemacht: Den Rindertalg in einem Topf auslassen. Dabei darauf achten, dass er nicht allzu sehr über den Schmelzpunkt erhitzt wird, da er sonst unangenehm riecht. Ein Schuss Speiseöl verhindert, dass das Fett zu hart wird

und bröckelt. Den Körnermix dazugeben und gut unterrühren. Die Masse etwas abkühlen lassen und in die Plätzchenausstecher auf einem mit Backpapier ausgelegtem Backblech füllen. Nach dem vollständigen Erkalten ein Band zum Aufhängen durchziehen. Wer will, kann die Ausstecher zum Schluss auch vorsichtig abziehen.

TIPP **Füttern Sie Vögel nur bei Frost oder geschlossener Schneedecke, dann aber regelmäßig. Ein vorzeitiges Füttern zur Eingewöhnung ist nicht erforderlich! Schneit es im Spätwinter oder zeitigen Frühjahr überraschend, genügt es oft, kleine Rasenflächen schneefrei zu schaufeln. Während der Brutzeit im Frühjahr sollte auf keinen Fall mehr gefüttert werden, da die Jungvögel die Sämereien nur sehr schwer verdauen können.**

Glanzvoll & prächtig

Ein Spalt in der Tür gestattet einen flüchtigen Blick auf die goldene Pracht des grossen Festsaals. Der Weihnachtsball hat begonnen.

SCHMUCKKUGEL

Das brauchen Sie: Eibenzweige, Christbaumkugeln in unterschiedlichen Größen, Steckschaumkugel (ca. 20 cm), Heißkleber

So wird´s gemacht: Mit einem Löffel Vertiefungen in der Steckschaumkugel aushöhlen, in denen später die Christbaumkugeln platziert werden. Den Steckschaum um die Kuhlen herum gleichmäßig mit Triebspitzen von Eiben ausstecken. Die Christbaumkugeln mit Heißkleber in die Vertiefungen kleben.

TIPP **Der klassische Adventskranz hat traditionellerweise vier Kerzen, symmetrisch auf dem Kranz angeordnet. Doch warum in Anzahl und Anordnung nicht mal variieren? Platzieren Sie Ihre Kerzen alle vier in einer Reihe. Oder verwenden Sie unterschiedlich hohe Kerzen. Es spricht auch nichts dagegen, den Kranz mit acht Kerzen zu dekorieren und jeden Sonntag gleich zwei anzuzünden. Probieren Sie es einfach aus!**

KUGELKRANZ Schlicht und reduziert, aber mit bestechender Wirkung. Das Grün des Buchsbaumkranzes wird optisch lediglich durch eine goldene Kugel unterbrochen. Sie ist einfach in den aufgeschnittenen Kranz eingeklemmt. Goldene Kerzen unterstützen die edle, klare Linie.

TIPP Damit die Kerzen stabil befestigt werden können, sollte das Kästchen am besten mit Steckschaum gefüllt werden. Decken Sie nur die Oberfläche mit dekorativem Zierrat ab, das spart Material und ist zudem sicherer. Erhitzen Sie pro Kerze einen Steckdraht in einer Flamme, bohren Sie ihn vorsichtig von unten in den Kerzenschaft und stecken Sie die Kerzen mit den etwas gekürzten Drahtenden in den Steckschaum.

SCHMUCKKÄSTCHEN

Diese Preziose scheint wahrlich aus einem fürstlichen Haus zu stammen. Wie im Schmuckkästchen einer Prinzessin glänzen goldene Kugeln, kleine Zapfen, Kränzchen, Engelshaar und Spiegelbeeren in einer kleinen Dose um die Wette. Sie ist mit Perlen besticktem Stoff bezogen, der an Brokat erinnert. Goldene Christbaumkerzen verleihen dem Prachtstück zusätzlichen Glanz.

STERNSTUNDEN

Das brauchen Sie: mit Watte gefüllten Sternanhänger, Kerzenhalter mit Dorn, Christbaumkerze, Samtband, gebleichte Erlenzapfen, rosafarbene Pfefferbeerenzweige, 1 Bärengras-Blatt, Bouillondraht, Heißkleber

So wird´s gemacht: Vom Stern den Aufhänger vorsichtig abschneiden. In der Mitte des Sternes einige Erlenzapfen und Pfefferbeeren mit Heißkleber befestigen. Den Kerzenhalter mit Dorn durch die Früchte in die Füllung des Sternes

TIPP **Wenn Sie einmal mit dem Basteln begonnen haben, fertigen Sie gleich mehrere dieser unkonventionellen Kerzenhalter. Zum Beispiel als Geschenkidee für Ihre Freundinnen. Dabei können Sie Farbe und Form natürlich abwandeln. Vielleicht steht ja Katja eher auf Pink und Anna möchte lieber ein Herz. Kein Problem, die Grundidee lässt sich für jeden Geschmack variieren. Dazu müssen die Anhänger nicht mal mit Perlen bestickt sein.**

stecken. Ein wenig Bouillondraht und das Bärengras locker darum legen. Das untere Ende der Kerze mit Samtband umwickeln. Die Enden mit Heißkleber an der Kerze fixieren. Die Kerze in den Halter stecken. Den so entstandenen Kerzenhalter unbedingt auf eine ebene Fläche stellen, damit die Kerze gerade abbrennt.

BAUMKEGEL

Das brauchen Sie: Steckschaumkegel, Koniferengrün (z. B. Scheinzypresse), Schmuckdraht, Filzsterne oder breites Satinband

So wird´s gemacht: Das Koniferengrün mit Schmuckdraht auf die Steckschaumkegel binden. Dabei oben an der Spitze beginnen, den Anfang des Drahtes verzwirbeln. Zweig für Zweig des Koniferengrüns anlegen und den Kegel nach unten umwickeln. Überstehende Zweige zum Schluss abschneiden. An der Spitze mit Draht je einen Filzstern anbringen oder um die Bäume mit Band eine Schleifen binden.

SCHLEIFENBÄUME

Zugegeben: Sie ersetzen keinesfalls die große Nordmanntanne. Doch mit diesen originellen Exemplaren geht der Trend zum Zweit-, Dritt- oder Viertbaum. Denn der charmanten stilisierten Form kann keiner widerstehen. Und ob Schleife oder Stern – welchen Schmuck die Bäume zum Fest tragen, bleibt jedem selbst überlassen.

TIPP **Diese Bäume glänzen, wo man sonst nicht von Weihnachtsschmuck zu träumen wagt. Sie sind so schlank und schmal, dass sie auf jeder Küchenfensterbank, vor dem Badezimmerspiegel und selbst auf dem Schreibtisch noch genug Platz finden. Ein ideales Geschenk auch für Bewohner von kleinen Apartments oder Studentenbuden. Testen Sie's einfach, und Sie werden staunen, wie gut Sie mit dieser Überraschung ankommen.**

Über Nussknackern aus dem Erzgebirge und allerlei Weihnachtsschmuck schwebt der Duft von gebrannten Mandeln und Glühwein. Der Besuch eines Weihnachtsmarktes ist ein besonderes Erlebnis in der Adventszeit. Mittelalterliche Marktplätze bieten eine malerische Kulisse für Karussells und nostalgischen Budenzauber. Schnell noch zum Maronimann, bevor die letzten heissen Kastanien vergeben sind!

KISSENVEREDELUNG Sich mit einem Buch und einer heißen Tasse Tee auf dem Sofa zwischen große Kissen zu kuscheln, gehört zu den schönsten Beschäftigungen in der kalten Jahreszeit. Um wie viel weihnachtlicher wird dabei die Stimmung, wenn die Kissen mit goldenen Bändern, Borten, Quasten oder Troddeln verziert sind! Auch über die Weihnachtszeit hinaus sorgen sie für glanzvolle Stunden.

LICHTERMEER

Das brauchen Sie: eine große flache Schale, Teelichter, durchsichtiges doppelseitiges Klebeband, Samtband, goldene Borte oder Litze, kleine orientalische Spiegelchen (Bastelbedarf)

So wird´s gemacht: Samtband stramm um die Teelichter legen und die sich überlappenden Enden mit doppelseitigem Klebeband aneinander kleben. Eventuell zusätzlich an der Aluschale fixieren. Ebenso mit der Borte oder Litze vorgehen. Die Teelichter in einer flachen Schale arrangieren und kleine Spiegelchen dazwischen legen.

APFELPUNSCH

Das brauchen Sie: 1/8 l weißen Rum, 1 l Apfelsaft, 10 Gewürznelken, 3 Stangen Zimt, 1 Fläschchen Vanillearoma, 2-3 EL Honig, 10 kleine Kirschäpfel aus der Dose

So wird´s gemacht: Apfelsaft mit Nelken und Zimt 2-3 Minuten kochen. Rum und Vanillearoma zugeben und nochmals kurz aufkochen lassen. Mit Honig süßen. Die Kirschäpfel in ein Bowlegefäß geben und mit dem Punsch übergießen. In durchsichtigen Gläsern servieren.

VORFREUDE Das Schönste an der Advents- und Weihnachtszeit sind oft die Stunden, die man gemeinsam mit der Familie verbringt. Mit den Kindern zusammen basteln, backen und dekorieren, Geschichten erzählen und sich für einander Zeit nehmen. So bergen die Wochen vor dem Fest eine Reihe ganz besonderer Momente, die diesen Tagen ihren Zauber verleihen.

TIPP **Punsch muss nicht Erwachsenen vorbehalten bleiben. Dafür ist er viel zu lecker! Lassen Sie einfach den Rum weg, und schon sind auch die Kids mit von der Partie. Auch roter Punsch wird kindertauglich, wenn man den Rotwein und anderen Alkohol durch Kirschsaft, Früchtetee oder Orangensaft ersetzt. Je nach Vorliebe der kleinen Rabauken lässt sich das weihnachtliche Getränk auf diese Weise unkompliziert variieren.**

KERZENVEREDELUNG

Das brauchen Sie: rot-braune Stumpenkerzen, Bienenwachsplatten mit Wabenstruktur, Schlagmetall in Gold, kupferfarbene Schmucknadeln, Dekostern oder Sternaufkleber als Schablone, Messer, Borstenpinsel

So wird´s gemacht: Mit einem Messer aus der Bienenwachsplatte Rechtecke schneiden. Ebenso bei den Sternen verfahren, dabei einen Dekostern oder Sternaufkleber als Schablone nutzen (1). Einige der so entstandenen Ornamente mit

TIPP **Als Schablonen eignen sich auch Plätzchenausstecher, sofern diese aus Metall sind und scharfe Kanten haben. Legen Sie die Ausstecher einfach auf die Wachsplatten und drücken Sie dann etwas fester nach unten, als man es bei Teig machen würde. Die Ausstecher bieten zusätzlich eine reiche Formenvielfalt. Wie wär's zum Beispiel mit Tannenbäumen oder Herzen? Oder mit Glücksschweinchen für Silvester?**

1

2

3

Schlagmetall vergolden, indem die dünne Folie einfach auf die Wachsplatten gedrückt wird. Dazu am besten einen Borstenpinsel verwenden (2). Die Ornamente in gewünschter Form und Position auf die Stumpenkerze drücken und an einigen Stellen zusätzlich mit Schmucknadeln fixieren (3).

„Und siehe, der Stern, den sie im Morgenland gesehen hatten, ging vor ihnen her, bis er ankam und über dem Ort stillstand, wo das Kind war." So heisst es bei Matthäus, einem der vier Evangelisten, die von der Geburt Jesu berichten. Bis heute hat der Stern als Zeichen und Symbol des Glaubens nichts von seiner mystischen Anziehungskraft verloren.

SWINGING STARS Eine moderne Inszenierung, bei der Glasschmuck-Sterne eindeutig die Stars sind. An Peddigrohr schwingen sie über der Szene. Als Basis dienen Kugeln aus Steckschaum, die mit Koniferengrün und Bouillondraht umwickelt wurden.

WINDSCHUTZ

Das brauchen Sie: 2 unterschiedlich große konische Gläser, kleine goldene Stumpenkerze, Kiefernnadeln, Orchideen oder andere kleine Blüten, kleine Blätter

So wird´s gemacht: Die Kerze in das kleinere der beiden Gläser stellen. In das größere Glas etwas Wasser füllen. Das kleinere Glas mit der Kerze in das größere stellen. Den Zwischenraum der beiden Gläser mit Kiefernnadeln, Blättern und Blüten füllen. Dabei darauf achten, dass die Blüten im Wasser stehen, Blätter und Nadeln kommen auch ohne Feuchtigkeit aus.

TIPP **Setzen Sie goldene Akzente. Zum Beispiel indem Sie einige der Kiefernnadeln vergolden. Dazu können Sie Goldspray verwenden. Dies ist die schnellste Methode. Schöner und glänzender wird es, wenn Sie sie mit Schlagmetall veredeln. Dazu ein paar Nadeln mit Sprühkleber ansprayen und das Schlagmetall mit den Fingern festdrücken. Wenn Sie außerdem noch die Perlen in Gold wählen, verstärkt dies die Wirkung.**

PERLENTANZ Verspielt scheinen die Perlen um das Licht einer Kerze zu tänzeln. Sie sind auf Kiefernnadeln aufgefädelt. Die Kerze steht in einem zweiten Glas, das in das größere hineingestellt wird und verhindert, dass die Flamme vom Grün Besitz ergreifen kann.

FÜR
ANNA

GOLDHÜLLE

Das brauchen Sie: goldenes Organzasäckchen, 1 Glasgefäß, das in das Säckchen passt, Goldglitter zum Streuen, goldene Pappe, 2 goldene Quasten, Engelshaar, goldfarbenes Band, Goldborte, kleine goldene Christbaumkugeln, dekorative Gewürze, Süßigkeiten, Alleskleber

So wird´s gemacht: Das Glas mit Christbaumkugeln, Gewürzen, Süßigkeiten und Engelshaar füllen und in das Organzasäckchen stellen (1). Dieses mit Band verschnüren und mit Borte bekle-

1

2

ben. Aus der Pappe einen Nikolausstiefel ausschneiden. Den oberen Rand mit Sprühkleber einsprayen und Goldglitter darauf streuen (2). Überschüssigen Glitter abschütteln. Den Stiefel mit einem Namen oder Gruß beschriften, lochen und zusammen mit den Quasten am Organzasäckchen anbinden.

HÜTCHENWALD

Das brauchen Sie: festes goldenes Tonpapier, 24 Zahnstocher, Filzsterne, selbstklebende Zahlen von 1 bis 24, Perlen, Bouillondraht, Satinband, Goldglitter, Sprühkleber, Alleskleber, Heißkleber

So wird´s gemacht: Aus Tonpapier 48 gleich große Kreisviertel schneiden. Die Viertel zu Hütchen drehen und am Rand mit Alleskleber fixieren. Bei der Hälfte der Hütchen dabei einen Zahnstocher einkleben, der oben ca. einen Zentimeter herausschaut. Den unteren Rand der Zahnstocher-Hütchen mit Sprühkleber einsprayen und mit Goldglitter bestreuen. Jeweils ein Hütchen ohne Glitter auf eines mit Zahnstocher setzen (1). Auf die Filzsterne je eine Zahl kleben. Den Bouillondraht auseinander ziehen, in kürzere Stücke schneiden und Perlen aufziehen. Das Satinband ebenfalls in kürzere Stücke schneiden. Je einen Filzstern, Bouillondraht und Band mit Heißkleber an der Spitze der Bäumchen befestigen (2).

1

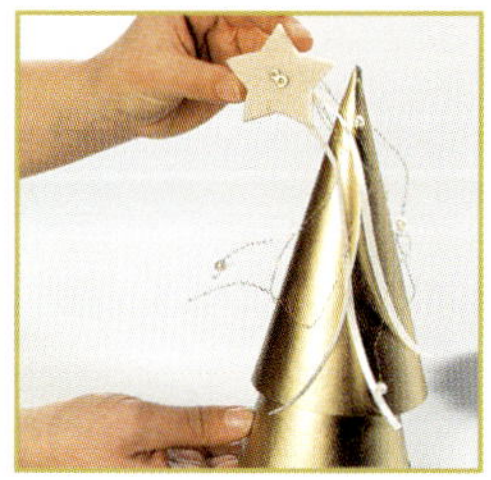
2

TIPP **Der goldene Kalender ist an Glanz kaum zu überbieten. Ein paar Teelichter zwischen den Bäumchen aufgestellt, erleuchten den Wald auch bei Dunkelheit. Achten Sie aber unbedingt darauf, dass er auf einem sicheren Untergrund steht und die Kerzen nicht zu nah am Papier platziert werden. Übrigens: Wenn Sie es lieber etwas naturalistischer mögen, verwenden Sie statt goldenem einfach tannengrünes Tonpapier.**

5
8
9

Thomas
Frank

GOLDKUGELN

Das brauchen Sie: künstliche grüne Tannenkränzchen, Schmucknadeln, goldenen Schmuckdraht, goldene Dekosterne, schmales cremefarbenes Satinband, Pergamentpapier, Goldstift, Heißkleber, Kneifzange

So wird´s gemacht: Aus Pergamentpapier schmale Streifen ausschneiden, an einem Ende lochen und mit dem Goldstift mit Namen beschriften. Die Schmucknadeln mit der Zange kürzen und in die Kränzchen stecken. Aus Schmuckdraht

Kugeln formen. Diese mit Heißkleber auf den Kränzchen befestigen. Satinband auf gewünschte Länge schneiden und die Namensschildchen auffädeln. Zusammen mit je einem Dekostern mithilfe von Heißkleber an den Kugeln befestigen.

TIPP **Gute Nachricht für alle, die es eilig haben: Statt die goldenen Kugeln aus Draht selbst zu formen, greifen Sie einfach auf ein Fertigprodukt zurück. Pralinenhersteller bieten kugelrundes Konfekt in Goldpapier an, das sich bestens für diese Dekoidee eignet. Kleben Sie in diesem Fall das Konfekt nicht fest, sondern legen Sie es einfach auf die Kränzchen. Stern und Band können mit einer Stecknadel fixiert werden.**

Zart & frostig

Klirrende Kälte bringt Eisblumen zum Erblühen, gefrorene Zapfen schmücken hohe Tannen und Dächer. Zerbrechliche Schönheiten des Winters.

NADELKRANZ

Das brauchen Sie: ein Trinkglas, kleine blaue Stumpenkerze, weißes oder farbloses Glasgranulat, silbernen Bouillondraht, Kiefernnadeln, kleine Zweige, silberne Dekosterne, Heißkleber

So wird´s gemacht: Die Kerze in das Glas stellen. In den Zwischenraum von Kerze und Glaswand ein wenig Granulat streuen, so dass die Kerze sicher steht. Den Bouillondraht auseinander ziehen und mehrfach um das Glas wickeln. Kleine Zweige und Kiefernnadeln in die Drahtwicklung stecken. Zum Schluss ein paar Dekosterne mit Heißkleber am Draht fixieren.

TIPP **Zweite Chance für alte Gläser. Wie oft gehen Gläser kaputt, bis am Ende nur noch wenige Exemplare des ehemaligen Dutzends vorhanden sind! Und die landen dann häufig im Altglas. Einzelstücke, für die in Ihrem Küchenschrank bisher kein Platz mehr war, werden jetzt zu begehrten Sammelobjekten. Mit einer Kerze und ein paar Kostbarkeiten aus der Natur laufen sie jedem gewöhnlichen Kerzenständer den Rang ab.**

Es ist ein Ros entsprungen. Mitten im kalten Winter erblüht die zarte Christrose. Während sich der Garten noch im Winterschlaf befindet, muss sich das Blümlein gegen Schnee, Eis und allerlei andere Unwirtlichkeiten behaupten. Als Christussymbol kündet sie von der Geburt des Erlösers und entfaltet ihre Blüte in der heiligen Nacht.

WINTERROSEN Zarte weiße Blüten bahnen sich ihren Weg durch trockenes Gras. Das Gesteck mit Christrosen setzt blühende Akzente in der kargen Winterzeit. Für weihnachtlichen Glanz sorgen Christbaumkugeln in kühlen Blautönen. Das kontrastreiche Spiel von rustikalem und edlem Material macht den besonderen Reiz aus.

PFLANZENSTERN

Das brauchen Sie: eine flache, silberfarbene Schale, Echeverie, silbernen Bouillondraht, Dschungelmoos, Kiefernnadeln, kleine silber- oder perlmuttfarbene Christbaumkugeln, Dekosterne, evtl. etwas Zimmerpflanzenerde

So wird´s gemacht: Die Echeverienpflanze aus ihrem Kulturtopf nehmen und in die Schale setzen. Evtl. mit etwas zusätzlicher Erde auffüllen. Die Erde mit Dschungelmoos locker abdecken. Einige Christbaumkugeln und Dekosterne ungleichmäßig im Dschungelmoos platzieren. Etwas Bouillondraht auseinander ziehen und um das Arrangement schlingen. Zum Schluss ein paar Kiefernnadeln in den Bouillondraht stecken.

ORCHIDEENZAUBER Fein rausgeputzt zum Weihnachtsfest. Was für Menschen und Haus zutrifft, gilt jetzt auch für Topfpflanzen. Der Frauenschuh wird in seiner Pflanzschale mit Christbaumornamenten und getrocknetem Gras weihnachtlich aufgepeppt. Daran hat man lange Freude. Und sind die Feiertage vorüber, wird er wie ein Tannenbaum einfach wieder abgeschmückt.

TIPP **Für manch eine weihnachtliche Dekoration brauchen Sie nicht einmal neue Requisiten zu kaufen. Schauen Sie sich doch mal zu Hause um. Welche Ihrer Zimmerpflanzen könnte einen weihnachtlichen Push-up vertragen? Decken Sie die Erde mit Gras oder Moos ab, und platzieren Sie ein paar festliche Dekoelemente darauf. Es können ruhig ausrangierte Einzelstücke sein, die auf diese Weise zu ganz neuen Ehren kommen.**

SCHNEESTIEFEL

Das brauchen Sie: ein zylindrisches Glas, Wattevlies, Papier für die Schablone, breites Band, Heißkleber, Christbaumkugeln, Stützdraht, Engelshaar, Süßigkeiten, Tannengrün oder Füllung nach Wunsch

So wird´s gemacht: Je eine Schablone für den Stiefel und die Lasche auf Papier aufzeichnen und anschließend ausschneiden. Die Schablonen auf das Wattevlies legen, den Stiefel zweimal, die Lasche einmal ausschneiden (1). Die beiden

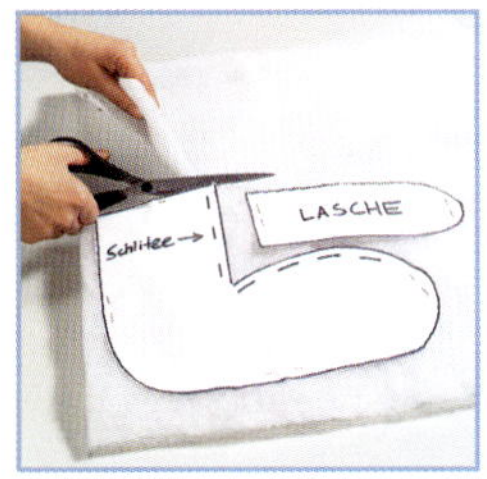

1

2

Stiefelformen unten und hinten zusammenkleben. Die Lasche im Inneren des Schuhes einkleben. Mit einer Schere oben und am Schaft des Stiefels kleine Schlitze einschneiden, durch die das Band gezogen und über Kreuz geschnürt wird. Den Stiefel im vorderen Teil mit weiterem Wattevlies füllen. In den Schaft ein Glas (2) stellen und dieses mit Tannengrün, angedrahteten Kugeln, Süßigkeiten etc. oder nach Wunsch füllen.

EISLICHTER

Das brauchen Sie: Glaswindlichter, Teelichter, selbst gezeichnete Motivvorlagen von Schneeflocken und Eiskristallen, Klebeband, Perlmutt- und Silberglitter, Window Color transparent, Window Color Konturenfarbe in den Farben Silber, Silberflitter und Eisflitter

So wird´s gemacht: Die Motivvorlagen mit Klebeband in die Innenseite der Gläser kleben und die Kontur direkt aus der Malflasche außen auf dem Glas nachmalen. Dabei die Farben nach Geschmack wechseln. Vorgang rings um das Glas wiederholen. Eventuell eine feine Düse zur Verdünnung der Kontur aufsetzen. Über Nacht oder nach Flaschenanleitung trocknen lassen. Zum Schluss den Rand jedes Glases mit transparenter Window Color Farbe einstreichen und sofort mit Streuglitter bestreuen. Ebenfalls gut trocknen lassen.

TIPP **Mehrere, verschiedene Windlichter auf einer silbernen Etagere wirken edel und elegant. Bestreuen Sie die Etagere vorher mit künstlichem Schnee, dann sieht es besonders frostig aus. Achten Sie jedoch darauf, dass die Etagere keinen Windzug abbekommt, sonst ist die weiße Pracht schnell verflogen. Ein paar Tannen-, Eiben- oder Kiefernzweige dazu, und fertig ist eine wunderbar winterliche Dekoration.**

1

2

BLÜTENFROST Für diese ansehnlichen Eisblumen müssen draußen die Temperaturen nicht unter Null sinken. Kaum zu glauben, aber sie stammen aus der Sprühdose. Ob Milchflaschen, Einmachgläser oder Vasen – sämtlichen Glasgefäßen zieht Väterchen Frost mit Eisblumenspray so ganz schnell sein Mäntelchen an.

ZIMTOHREN

Das brauchen Sie: 4 tiefgefrorene Blätterteigplatten (je ca. 10 x 20 cm), 6 Tütchen Vanillezucker, Zimt, ca. 125 g Butter (ergibt insgesamt ca. 50 Stück)

So wird´s gemacht: Den Blätterteig antauen lassen bis er formbar ist. Den Backofen auf 200 °C vorheizen. Vier Tütchen Vanillezucker mit etwas Zimt mischen und die Teigplatten gleichmäßig damit bestreuen. Die Platten von den Längsseiten zur Mitte hin aufrollen, bis die beiden Rollen aneinander stoßen. Die Rollen in ca. 0,5 cm dicke Scheiben schneiden und auf ein mit Backpapier ausgelegtes Backblech legen. Die Butter im Mikrowellengerät schmelzen und die Zimtohren damit bestreichen. Die restlichen 2 Tütchen Vanillezucker darüber streuen. Im Ofen ca. 12 Minuten bis zur gewünschten Bräune backen.

SCHNEEKUGELN Leise rieselt der Schnee. So schön, wie die unberührte Natur, wenn der erste Schnee gefallen ist präsentiert sich das silberne Tablett mit Christbaumschmuck. Die Kugeln vereint ihre kühle, frostige Farbe. Unterschiedliche Größen und Strukturen bringen Abwechslung ins Spiel und sorgen für Spannung.

ZWEIGKRANZ Für einen Adventskranz eine äußerst ungewöhnliche Erscheinung. Denn dieser Kranz verzichtet ganz auf Tannen- und Koniferengrün. Stattdessen ist er aus winterlich-kahlen Zweigen gewickelt und mit allerlei Christbaumkugeln veredelt. Engelshaar verleiht ihm Glanz und lässt das Licht der hohen schlanken Kerzen umso schöner schimmern.

TIPP **Auch wenn draußen die Temperaturen noch nicht mitspielen, können Sie ihre Weihnachtsdekorationen mit einem Hauch Pulverschnee überziehen. Sprayen Sie zum Beispiel Christbaumkugeln rundherum mit Sprühkleber ein und bestreuen Sie sie anschließend mit Kunstschnee. Wenn Sie Früchte oder Blüten mit Schnee überziehen wollen, pinseln Sie diese mit Eiklar ein und berieseln Sie sie danach mit Zucker.**

GEFLÜGELTE BÄUMCHEN

Das brauchen Sie: Zuckerhutfichte, Erde, etwas Rindenmulch, Topf, Pappe, Schlagmetall in Silber, Steckdraht, Sprühkleber, Heißkleber, silbernes Band oder Kordel

So wird´s gemacht: Die Zuckerhutfichte in den Topf pflanzen. Die Erde mit Rindenmulch abdecken. Das Bäumchen locker mit Band umwickeln. Die Pappe zunächst auf der einen Seite, dann auf der anderen, mit Sprühkleber einsprayen und das Schlagmetall darauf festdrücken. Aus der versilberten Pappe zwei Flügel ausschneiden. An den Flügeln je einen Steckdraht mit Heißkleber befestigen. Die Flügel durch das Bäumchen in die Erde stecken.

TIPP **Ob groß oder klein – ein Baum mit Wurzelballen ist eine echte Alternative zum abgesägten Exemplar. Vor allem für Gartenbesitzer. Denn sind die Festtage erstmal vorüber, zieht der nadelige Geselle einfach an die frische Luft. Kleine Zuckerhutfichten fühlen sich auch in Kübeln oder, je nach Größe, in Balkonkästen wohl. Mit einer Lichterkette geschmückt, verleihen sie im nächsten Jahr Ihrem Garten weihnachtliches Flair.**

MINIATURBÄUME Für alle, die wenig Platz zu Hause haben oder für all diejenigen, die gar in jedem Raum den Anblick eines Baumes genießen wollen. In jedem Fall sind die kleinen Zuckerhutfichten so niedlich, dass man sich ihrem Charme kaum entziehen kann. Im Gegensatz zu ihren großen Geschwistern werden sie nicht mit Schmuck behängt, sondern mit Bändern umwickelt oder einem Kranz veredelt.

FLOCKENKALENDER

Das brauchen Sie: 24 zylindrische Gläser (z. B. Altbiergläser), Pergamentpapier in Hellblau und Weiß, Tapetenkleister, silberne Pappe, dünnen blauen Schmuckdraht, stabilen Schmuckdraht aus Aluminium, Klebestift, Borstenpinsel, Cutter

So wird´s gemacht: Aus dem Pergamentpapier Schnipsel ausreißen. Tapetenkleister nach Anleitung anrühren. Die Gläser dünn damit einstreichen und die Pergamentschnipsel darauf kleben (1). Das Papier am oberen Glasrand ungleichmäßig überstehen lassen. Trocknen lassen. Aus der Pappe 24 Kreise ausschneiden und jeweils die Hälfte des Kreises mit dem Cutter in Schneeflockenform schneiden (2). Aus blauem Pergamentpapier Zahlen von 1 bis 24 ausschneiden und mit dem Klebestift auf die Halbkreise kleben. Daran mit Heißkleber stabilen Schmuckdraht befestigen. Die Gläser mehrfach mit blauem Schmuckdraht umwickeln und daran den Draht mit Flocke und Zahl fixieren. Zur höheren Stabilität den Draht mit einem weiteren Papierschnipsel auf dem Glas festkleben. Die Gläser nach Wunsch füllen, am schönsten wirkt es, wenn die Füllung die Farben Blau und Silber aufgreift.

1

2

12
1
3
2
7

Eine schöne
Weihnachtszeit
und ein gutes
und glücklic
neues Jah

POMPONLOOK

Das brauchen Sie: Übertöpfe aus Filz oder alternativ Tontöpfe und Bastelfilz, Steckschaum, Stumpenkerzen, Steckdraht, Pompons, matte Spiegelbeeren, Kunstschnee, silbernen Fransendraht, Sprühkleber, Heißkleber

So wird´s gemacht: Die Töpfe mit Bastelfilz ummanteln. Die oberen Ränder nach außen umklappen und mithilfe von Heißkleber mit Pompons bekleben. Steckschaum in die Töpfe füllen. Pro Kerze nacheinander drei Steckdrähte über einer Flamme erhitzen und von unten in die Kerzen bohren. Kerzen mit dem Draht in den Steckschaum stecken. Die Spiegelbeeren einzeln an ihrem Draht um die Kerzen stecken, mit Sprühkleber einsprayen und mit Kunstschnee bestreuen. Um die Kränze aus Spiegelbeeren silbernen Fransendraht binden.

TIPP **Ein Karton voller Christbaumkugeln, die alle nicht zusammen passen? Das ist die beste Voraussetzung für einen kreativen Nachmittag mit Kindern und deren Freunden. Mit glitzernder Window Color Farbe bekommen die Kugeln einen ganz neuen Chic und werden zu tollen Anhängern für Ihre Weihnachtsgeschenke. Der Glitzerlook wird direkt aus der Tube aufgetragen und ist in verschiedenen Farben im Bastelbedarf erhältlich.**

WEIHNACHTSPOST In Zeiten von E-Mail und SMS sind Briefe und Karten zur Seltenheit geworden. Schade, denn um wie viel schöner ist eine handgeschriebene Einladung, ein persönlicher Gruß oder ein guter Wunsch! Gerade die Weihnachtszeit bietet vielerlei Möglichkeiten zum Basteln und Gestalten der herrlichsten Karten- und Brief- Variationen.

GLITZERPRACHT

Das brauchen Sie: ein durchsichtiges Glaswindlicht, kleine Stumpenkerze, kleine goldene Perlen oder Granulat, goldenen Schmuckdraht, stabilen Schmuckdraht aus Aluminium, verschiedene kleine Dekosterne, einen Mistelzweig, Koniferengrün, Judaspfennig

So wird´s gemacht: Die Kerze in das Windlicht stellen. Goldene Perlen in das Glas füllen, so dass die Kerze sicher steht. Aus goldenem Schmuckdraht einen „Schal" formen, so dass er um das Windlicht passt. In das Geflecht kleine Zweiglein, Koniferengrün, Judaspfennig und Sterne klemmen. Den „Schal" um das Glas legen und die beiden Enden mit Draht miteinander verbinden. Aus dem stabileren Aludraht drei s-förmige Haken formen, auf dem Glasrand festklemmen und das Drahtgeflecht daran aufhängen.

KIEFERNLICHT Edel schimmert der Kerzenschein zwischen Kiefernnadeln und Perlen. Die Nadelbündel sind mit goldenem Draht zusammengefasst und auf einem zarten Papierband befestigt. So kann das Licht noch hindurch scheinen. Im Zusammenspiel mit goldenen Perlen entsteht so aus einem gewöhnlichen Windlicht ein ganz besonderes Juwel.

TIPP **Dekorative Drahtgeflechte zur Ummantelung von Gefäßen lassen sich auf unterschiedliche Weise herstellen. Gleichmäßig wird solch ein Geflecht, wenn Sie es häkeln. Verwenden Sie dazu mindestens eine Häkelnadel der Stärke Zehn. Ebenso gut können Sie gröberen Draht auch flechten und damit eine Art Borte erstellen. Wer es wilder und weniger akkurat mag, formt den Draht einfach nach Gefühl frei Hand.**

ZAPFENLICHT Vier Zapfen machen einen Kerzenständer. Sie dienen als natürliche und solide Basis für eine cremeweiße Stumpenkerze. Allerlei Zweige, Beeren, Disteln und Farn schmeicheln ihrer klaren Form und wirken wie Souvenirs vom letzten Spaziergang. Wer hätte gedacht, dass sie hier noch mal ihren großen Auftritt haben würden?

ZAPFENKRANZ Von drauß' vom Wald … Ganz natürlich kommt dieser Zapfenkranz daher. In seiner Grundform aus Fichtenzapfen äußerst reduziert, hat die gefüllte Kranzmitte umso mehr zu bieten. Zarte Glaskugeln, Zweige, Flechten, Blätter und Sterne geben sich hier ein Stelldichein. Eine natürliche und gleichzeitig sehr elegante Mischung.

TIPP **Auf in den Wald zum Zapfensammeln! Den eigentlichen Tannenzapfen können Sie zwar nicht vom Boden auflesen, da er durch Wind bereits am Baum zerfällt. Für weihnachtliche Basteleien eignen sich aber Zapfen von zahlreichen anderen Nadelbäumen wie Fichte, Kiefer, Zeder, Lärche oder Pinie. Geschlossene Zapfen öffnen übrigens ihre Schuppen, wenn Sie sie eine zeitlang ins Warme oder auf die Heizung legen.**

SINNLICH & ORIENTALISCH

Weihrauch, Gold und Myrrhe. Reisende aus dem Morgenland erzählen von fernen Ländern und fremden Bräuchen. Mystisch und geheimnisvoll.

PERLENGLANZ

Das brauchen Sie: Stumpenkerzen, glatten und gewellten Schmuckdraht in Rot-Orangetönen, Schmucknadeln in Lila-, Rosa- und Rottönen, Kombizange

So wird's gemacht: Schmucknadeln in zwei Reihen versetzt um die Kerze stecken (1). Eventuell zu lange Nadeln vorher mit der Zange auf eineinhalb bis zwei Zentimeter kürzen. Zunächst den gewellten Draht an einer Nadel befestigen und von Nadel zu Nadel zickzackartig führen (2). Am Schluss den Draht direkt unter dem Perlenkopf einer Schmucknadel fixieren. Ebenso mit dem glatten Draht verfahren. Bei einer zweiten Kerze die Nadeln in unregelmäßigen Abständen stecken und die Drähte kreuz und quer verweben.

TIPP Perlen sind ungeheuer dekorativ, nicht nur an Hals und Ohr, sondern auch als weihnachtlicher Schmuck im Haus. So zieren sie zum Beispiel auch aufwändig bestickte Anhänger aus Samt, die sich prima zum Veredeln von Geschenkverpackungen eignen. Oder drapieren Sie sie zwischen Bändern und Lichterketten zu einem luftigen Vorhang und laden Sie zu Scheherezades Märchenstunde. Geheimnisvoll und verführerisch!

1

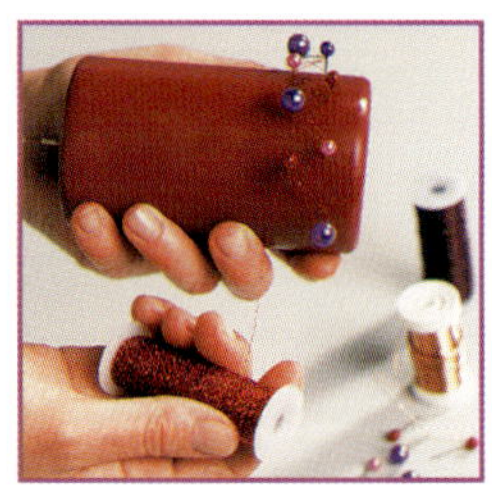

2

STERNENZAUBER

Das brauchen Sie: Organzabeutel, farblich passendes schmales Samtband, Goldkordel, Holzsplittstäbe, Perlen, goldene Christbaumanhänger in Sternform, silbernen Bouillondraht, Heißkleber, Füllung nach Belieben

So wird´s gemacht: Die Holzstäbe mit Samtband eng umwickeln. Anfang und Ende mit Heißkleber fixieren. Auf das eine Ende der Stäbe mit Heißkleber eine Perle als Abschluss kleben. Von den Sternen die Aufhänger abziehen und die Sterne mit Heißkleber auf das andere Ende der Holzstäbe kleben. Die unansehnlichen Übergänge mit Goldkordel und Bouillondraht umwickeln. Die Organzasäckchen nach Belieben füllen, zuziehen und je einen Sternenstab mit einbinden.

ORGANZATRAUM

Zarte Stoffe wie Seide, Chiffon oder Organza wirken besonders fein und edel. Als Tischdecken, Tischläufer, Kissenbezüge sind sie wahre Blickfänger. Zu kleinen Säckchen genäht und mit Perlen besetzt, bergen sie manch weihnachtliche Kostbarkeit.

TIPP **Kleine Stoffbeutelchen aus edlem Material können Sie fix und fertig kaufen. Für Sie bleibt einzig die Herausforderung der Füllung. Machen Sie daraus ein duftendes Kleinod, das im Raum sein Aroma verbreitet. Mit einem Duftpotpourri aus weihnachtlichen Gewürzen oder parfümierten Rosenblättern entsteht schnell ein persönliches Mitbringsel, mit dem sich zum Beispiel die obligatorische Flasche Wein aufpeppen lässt.**

BLÜTENCHARME Wer denkt beim Anblick dieser Blüten nicht auch an tropischen Regenwald, Nebeldämpfe und Pflanzen, die exotische Düfte verströmen. Doch auch auf der heimischen Fensterbank können Orchideenträume wahr werden. Sie sind sehr anpassungsfähige Geschöpfe, einfacher zu pflegen, als man denkt und verbreiten ein Hauch von Exotik und Exklusivität.

ORIENTBAZAR Ein Sammelsurium wie das verlockende Angebot auf einem der traditionellen marokkanischen Märkte. In kleinen Schälchen werden allerlei dekorative Früchte, Gewürze, Tee, Samen und Nüsse zur Schau gestellt. Orchideen setzen einen blühenden und frischen Akzent. Prächtig und luxuriös heben sich vergoldete Granatäpfel mit funkelnden Kristallen und Perlen hervor.

Gibt es ein weihnachtlicheres Gewürz als Zimt? Wenn das erste Blech selbst gebackener Zimtsterne den Ofen verlässt, verbreitet sich sein verführerischer Duft schnell im Haus. Prompt findet sich die ganze Familie in der Küche ein, um den ersten von Omas leckeren Sternen zu ergattern. Zimt ist eben nichts für Geheimniskrämer.

WOHLGERUCH Becher und Schalen gefüllt mit Gewürzen aus aller Welt sind nicht nur schön anzusehen, sondern auch äußerst wohlriechend. So besticht Sternanis sowohl durch seine weihnachtliche Form als auch durch sein ganz spezielles, herrliches Aroma. Aber auch Kardamom, Nelken, Muskat, Zimt, Vanille und Tee sorgen für ein aufregendes Dufterlebnis.

TIPP **Wenn Sie sich für solch einen Aufsehen erregenden Adventskranz entscheiden, dann sollte ihm anderer Schmuck keine Konkurrenz machen. Das heißt nicht, dass Sie auf weitere Dekoration verzichten müssen. Diese sollte sich allerdings dem Kranz unterordnen oder thematisch dazu passen. Wie wäre es mit ein paar Artischocken als Tischdekoration, deren Stiele Sie vorher vergolden? Perfekt abgestimmt und äußerst edel!**

FRÜCHTETRAUM Eine optische wie kulinarische Verführung ist dieser außergewöhnliche Lichterkranz. Hier fährt der Orient seine ganze Vielfalt an Früchten auf. Doch wer genau hinschaut, wird Vertrautes entdecken: Ananas, Artischocken, Kumquats, Limetten, Birnen, verschiedene Zapfen und vieles mehr, zwischen dem immer wieder einzelne Weihnachtskugeln hervorblitzen.

KUMQUAT-LIKÖR

Das brauchen Sie: 1 l hellen spanischen Brandy, 250 g Kumquats, 200 g Kandis, 1 Zimtstange, Sternanis nach Geschmack

So wird´s gemacht: Die gewaschenen Früchte rundherum einstechen und in ein verschließbares Glasgefäß füllen. Gewürze und Kandis dazugeben. Das Glas verschließen und etwa vier Wochen an einem warmen Ort (bei Zimmertemperatur) ziehen lassen. Anschließend alles durch ein Sieb gießen und in gut gereinigte, verschließbare Flaschen füllen. Den Likör pur oder zu Eis servieren. Auch als Geschenk prima geeignet.

Nach einem Winterspaziergang bei Frost und klirrender Kälte erwärmen heisse Getränke Körper und Seele. Tee, Kakao, Punsch & Co. verbreiten ein wohlig-warmes Gefühl und bringen scheinbar erfrorene Finger und Zehen mit einem Kribbeln wieder zum Auftauen. Selbst gemachte Spezialitäten nach traditionellen Familienrezepten wirken oft besser als jede Heizung.

LAMPIONREIGEN

Das brauchen Sie: einen Strohrömer, Früchte von Lampionblumen (Physalis), orangefarbene Perlen, runde Kerze mit mehreren Dochten in Orange, flachen Teller oder Schale, Heißkleber, Alleskleber

So wird´s gemacht: Die Physalis-Früchte mit Heißkleber einzeln auf den Strohrömer kleben. Dabei die Früchte immer versetzt platzieren. Auf die Stiele der Früchte die Perlen stecken. Falls die Löcher in den Perlen zu groß sein sollten, mit etwas Klebstoff nachhelfen. Den Kranz auf einen flachen Teller legen und die Kerze in die Mitte stellen. Vorsicht bei niedrigen Kerzen: Zugluft beim Abbrennen der Kerze unbedingt vermeiden, da die Früchte sehr leicht brennbar sind.

SULTANS GEMÄCHER

Schwere Samt- oder Seidenstoffe mit aufwändigen Goldornamenten verbreiten auch im modernen Wohnambiente das Flair des Morgenlandes. Es muss ja nicht für immer sein. Vorhänge oder Paravents sind mobil und können jederzeit wieder verschwinden, wenn nach der reichen, sinnlichen Weihnachtszeit der leichte und unbeschwerte Frühling einziehen soll.

DUFTPOMANDER

Das brauchen Sie: Orangen oder andere Zitrusfrüchte, Gewürznelken, Dorn zum aufpieksen von Dosenmilch, Permanent-Schreiber

So wird´s gemacht: In Punkten verschiedene Muster mit dem Permanent-Schreiber auf die Orangen oder anderen Zitrusfrüchte vorzeichnen. Bei flächigen Mustern reicht es meist, nur die Konturen aufzuzeichnen. Mit dem Dorn in die Punkte Löcher vorbohren und anschließend die

Gewürznelken hineinstecken. Mehrere Orangen zur Dekoration in eine große Schale legen. Die duftenden Früchte eignen sich jedoch ebenso gut als Tischdekoration: einfach zusammen mit anderen Früchten zu einem Band in der Tischmitte gelegt oder als ungewöhnliche Tischkarten mit den Namen der Gäste besteckt.

FRUCHTIGER GRUSS

Das brauchen Sie: eine quadratische Kachel, Sprühkleber, Schlagmetall in Gold, Granatapfel, Kränzchen aus künstlichem Grün oder Granulat, rotes Samtband

So wird´s gemacht: Die Kachel mit Sprühkleber einsprayen und mit Schlagmetall vergolden. Dabei darauf achten, dass mögliche Risse mit weiterem Gold verdeckt werden, damit eine gleichmäßige Oberfläche entsteht. Die vergoldete Kachel eine Zeit lang trocknen und auslüften, bevor die Frucht darauf gebunden wird. Das Kränzchen auf die Kachel legen und den Granatapfel darauf setzen. Alles zusammen mit Samtband wie ein Geschenk verschnüren und eine Schleife binden.

SCHATZ DES KALIFEN

Die Früchte aus seinem Reich sind edel und vom Feinsten. Granatäpfel verlocken nicht nur mit ihrem süß-sauren Aroma und der aufreizend roten Farbe ihres Saftes. Auch ihre hübsche Form animiert zu immer neuen Gestaltungen. Dank ihres attraktiven Äußeren reicht es oft schon aus, einige der Früchte mit ein paar Beeren zusammen in einer dekorativen Schale zu arrangieren.

TIPP **Unter der dicken Schale des Granatapfels verbergen sich viele rötliche Früchtekügelchen, die wunderbar blumig duften und erfrischend schmecken. Probieren Sie die kleinen Kerne zu Obstsalaten oder dekorieren Sie damit einen Nachtisch. Auch der bekannte Grenadine-Sirup wird ursprünglich aus Granatäpfeln hergestellt. Er wird zum Aromatisieren und wegen seines intensiven roten Tons auch zum Färben von Cocktails verwendet.**

ALI BABAS STIEFEL

Das brauchen Sie: Hasendraht (Baumarkt), Steckschaum, breites violettes Moiréband, Paillettenband, Tannen- oder Koniferengrün, Christbaumkugeln und -schmuck mit orientalischer Optik, Stützdraht, Holzsplittstäbe, Schlagmetall in Gold, goldene Schelle, bunte Schokokringel, Kombizange, Alleskleber, Nähnadel und Faden, Stecknadeln

So wird´s gemacht: Aus Hasendraht mithilfe einer Zange einen Stiefel formen. Dabei die überstehenden Enden der offenen Maschen zur Befestigung miteinander verdrehen. Den Steckschaum so beschneiden, dass er in den Stiefelschaft passt (1). Die Stiefelform mit dem Moiréband umwickeln (2), bei der Spitze beginnen, das Ende einfach in den Schaft einschlagen und mit Stecknadeln fixieren. Das Paillettenband als oberen Abschluss um den Stiefel legen und mit Alleskleber befestigen. An der Spitze des Schuhs die Schelle mit ein paar Stichen festnähen. Den Steckschaum im Stiefel mit Koniferen- oder Tannengrün bestecken. Den Christbaumschmuck andrahten und mit dem Draht zwischen das Grün stecken. Die Holzsplittstäbe mit Sprühkleber einsprayen, mit Schlagmetall vergolden, andrahten und zusammen mit ein paar Schokokringeln in den Stiefel stecken.

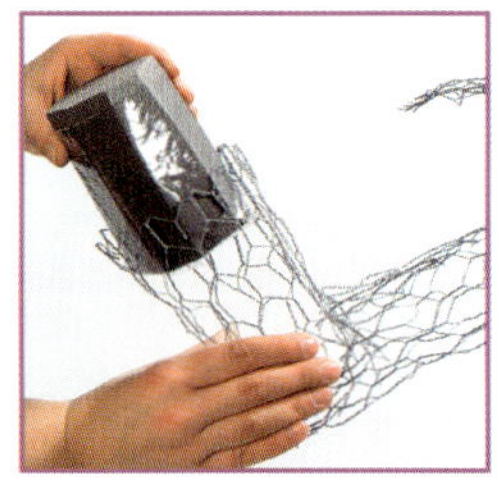

1

2

21
5
18
24

GLÄNZENDE UND ERWARTUNGSVOLLE AUGEN VERRATEN DIE UNBÄNDIGE NEUGIER, MIT DER KINDER DEM GESCHENKEÖFFNEN AM HEILIGEN ABEND ENTGEGENFIEBERN. ENDLICH IST ES SO WEIT! VERHEISSUNGSVOLLES PAPIERRASCHELN, SCHLEIFEN UND KNOTEN, DIE SICH EINFACH NICHT ÖFFNEN LASSEN WOLLEN, MACHEN DIE WEIHNACHTLICHE ZEREMONIE UMSO SPANNENDER. WAS SICH IN DEM PÄCKCHEN WOHL VERBERGEN MAG?

WUNDERTÜTE Prall gefüllt mit kleinen Überraschungen verkürzt die fantasievoll gestaltete Tüte die Wartezeit bis zum Vierundzwanzigsten. Das Öffnen der vielen kleinen Päckchen steht ganz offensichtlich unter einem guten Stern, der sich mit Gewürzen, Beeren, Zweigen und Goldglanz prächtig schmückt.

ALADINS WUNDERLAMPE

Farbige Lichtinszenierungen steigern das Geheimnisvolle der Weihnachtszeit. Lampenschirme aus Peddigrohr scheinen wie Souvenirs aus einem fernen Land. In leuchtenden Farben verbreiten sie eine mystisch-orientalische Atmosphäre und lassen wie im Märchen von Tausendundeiner Nacht keine Wünsche offen.

INNERE ERLEUCHTUNG

Das brauchen Sie: eine große flache Schale, Lichterkette mit mindestens 30 Lämpchen, mindestens 30 Früchte von Lampionblumen (Physalis), unterschiedlich große Christbaumkugeln in Rot-Orange- und Violetttönen

So wird´s gemacht: Auf die Lämpchen der Lichterkette je eine Physalis-Frucht stecken. Dazu die Früchte eventuell an der Spitze mit der Schere kreuzförmig einschneiden. Die Lichterkette in die Schale legen und die Zwischenräume mit Kugeln auffüllen. Die leuchtenden Lampions nach oben ziehen, so dass sie gut sichtbar sind, die Kabel aber verdeckt bleiben.

WERKZEUG & MATERIAL

1 STÜTZDRAHT
Allgemein als Stützhilfe bei Gerbera und anderen langstieligen Blumen bekannt. Wird aber auch zum Befestigen von Zapfen, Bändern und Schmuckaccessoires an Kränzen und Gestecken verwendet. In unterschiedlicher Länge und Stärke, meist mit grüner Lackierung erhältlich.

2 SPIEGELBEEREN
Die kleinen Schwestern der Christbaumkugeln. Die Glaskugeln sind bereits an einem Draht befestigt, werden meist im Bund angeboten und eignen sich zur Verarbeitung in Gestecken oder Sträußen.

3 BOUILLONDRAHT
In sich gedrehter, gekräuselter, sehr dünner Draht. Lässt sich beliebig auseinander ziehen und legt auf Sträuße, Gestecke, Kränze etc. einen feinen Gold- oder Silberglanz. Auch kupferfarben oder bunt erhältlich.

4 HOLZSPLITTSTÄBE
Lange, dünne Holzstäbe, die ursprünglich zum Stützen von Pflanzen verwendet werden. Sind auch beim Basteln vielfältig einsetzbar, z. B. zum Aufspießen und Fixieren verschiedener Materialien.

5 KOMBIZANGE
Klassisches Handwerks-Utensil, das die Qualitäten von Kneif- und Flachzange vereint. So lassen sich mit dieser Zange Nägel, Nadeln, Steckdraht & Co. gut halten oder aus festen Materialien ziehen. Man kann mit ihr auch dickere Drähte durchschneiden.

6 HEISSKLEBER
Klebt alles niet- und nagelfest, wo anderer Klebstoff versagt. Einzelne Patronen werden in eine Pistole eingesetzt und erhitzt. Ermöglicht schnelles Arbeiten, ersetzt oft kompliziertes Andrahten oder sogar Nadel und Faden.

7 PATENTHAFTEN
Gibt es in verschiedenen Größen, werden oft auch als Krampen bezeichnet. Eignen sich zum Befestigen von Blättern, Zweigen, Moos und Flechten auf Stroh-, Steckschaum- oder Styroporunterlagen.

8 REBENBINDEGARN
Drahtverstärkte Papierschnur, die meistens auf der Rolle angeboten wird. Damit lassen sich viele Materialien sehr leicht und schnell fixieren. Außer in herkömmlichem Beige-Braun mittlerweile in vielen Farben erhältlich und daher sehr attraktiv.

9 SCHLAGMETALL
Wird eigentlich zum Vergolden oder Versilbern von Holzrahmen und -möbeln verwendet. Dazu wird eine Grundierung und Anlegeöl benötigt. Mithilfe von Sprühkleber lässt sich Schlagmetall schnell und unkompliziert auch auf viele andere Materialien, wie z. B. Ton, Metall oder Kunststoff auftragen.

10 ROSENSCHERE
Nicht nur zum Schneiden von Rosen, sondern auch zum Zerkleinern von Gehölz geeignet. Kann auch zum Kürzen von Holzsplittstäben verwendet werden.

11 SCHMUCKDRAHT
Eignet sich zum Umwickeln von Kränzen, zum Befestigen filigraner Materialien und ist dabei

auch noch dekorativ. Auf der Rolle und auf Spindeln in verschiedenen Farben und Stärken erhältlich.

12 SCHMUCKNADEL

Lange Nadeln, deren Kopf meist aus einer dekorativen Perle besteht. Kommen dann zum Einsatz, wenn Blätter, Blüten und Stoff sichtbar befestigt werden sollen. Lassen sich sogar in dicke Kerzen stecken.

13 ORCHIDEENRÖHRCHEN

Kleine wasserdichte Kunststoffröhrchen, die einzelne Blüten für einige Zeit mit Wasser versorgen. Die Röhrchen werden zuerst mit Wasser gefüllt, verschlossen und durch den Gummideckel mit Blüten bestückt. In verschiedenen Größen erhältlich.

14 ENGELSHAAR

Hochglänzendes Drahtgespinst, so fein wie Haar. Als Baumschmuck, zum Umwickeln von Kränzen, Umspinnen von Sträußen oder Pflanzen zu verwenden.

15 SEITENSCHNEIDER

Ähnlich wie mit einer Kneifzange lassen sich mit dem Seitenschneider Drähte in verschiedenen Stärken schneiden. Nicht durch eine Schere zu ersetzen.

16 SPRÜHKLEBER

Der Richtige, wenn's um glatte Flächen und Feines geht. Eignet sich u. a. zum Vergolden und Versilbern mit Schlagmetall oder zum Zuckern künstlicher Früchte.

17 STECKDRAHT

Stabiler Draht, mit dessen Hilfe z. B. Stumpenkerzen auf Kränzen oder Steckschaum befestigt werden. In unterschiedlichen Stärken und Längen erhältlich.

18 STROHRÖMER

Preiswerte und stabile Unterlage zum Binden und Bestecken von Kränzen. Mit Haften lassen sich auch gröbere Materialien besonders gut darauf befestigen. In verschiedenen Größen und Stärken erhältlich.

19 STECKSCHAUM

Auf Erdölbasis industriell gefertigter Schaum. Als Trocken- oder Nasssteckschaum in verschiedenen Formen erhältlich. Lässt sich mit einem Messer schneiden und bietet eine gute Basis für Gestecke jeglicher Art.

20 STYROPORKRANZ

Eignet sich gut zum Umwickeln und Bekleben mit verschiedenen trockenen Materialien. Auch verwendbar zum Bestecken mit Nadeln oder Haften.

21 WICKELDRAHT

Wird zum Binden von Kränzen und Girlanden verwendet. Der Draht ist blau geglüht oder grün lackiert erhältlich. Letzterer eignet sich besonders zur Verarbeitung von Früchten, da die Lackierung vor schnell einsetzender Fäulnis des Obstes schützt. Da er besonders fein ist, wird er oft auch als Myrtendraht bezeichnet.

Herausgeber BLOOM's GmbH, Ratingen

Konzept Karen Meier-Ebert, Marion Hennig

Text/Redaktion Karen Meier-Ebert, Susanne Mansfeld

Bildredaktion Renate Haller

Gesamtredaktion Hella Henckel-Bruckhaus

Floristische Leitung Klaus Wagener

Floristik/Styling Team 'profil floral'

Grafik Design Marion Hennig

Herstellung Michaela Gageik, Bettina Münch

Fotos Patrick Pantze-Werbefotografie GmbH, Lage
Weitere Fotos: Das Depot: S. 7, 30, 31; Duni, Bramsche: S. 19, 38; Flamant: S. 17, 24, 34, 35, 37, 52; Hendrik Reinert: S. 39, 42; JAB Anstoetz: S. 67, 107; Villeroy & Boch: S. 6, 7, 12, 20, 22, 23; Zimmer + Rohde: S. 50

Druck Egedsa, Sabadell (E)

© 2006 Eugen Ulmer KG
Wollgrasweg 41
70599 Stuttgart (Hohenheim)
E-Mail: info@ulmer.de
www.ulmer.de

Bibliografische Information der deutschen Bibliothek Die Deutsche Bibliothek verzeichnet diese Publikation in der Deutschen Nationalbibliografie; detaillierte bibliografische Daten sind im Internet über http://dnb.ddb.de abrufbar.

1. Auflage 2006
ISBN-13: 978-3-8001-5334-3
ISBN-10: 3-8001-5334-3